MEUNERIE

CONSTRUCTION

DES

MOULINS DE SAINT-MAUR

CORBEIL, typographie de CRÉTÉ.

MEUNERIE

CONSTRUCTION

DES

MOULINS DE SAINT-MAUR

TURBINES DE FOURNEYRON

MACHINE DE MILES BERRY A NETTOYER LES GRAINS

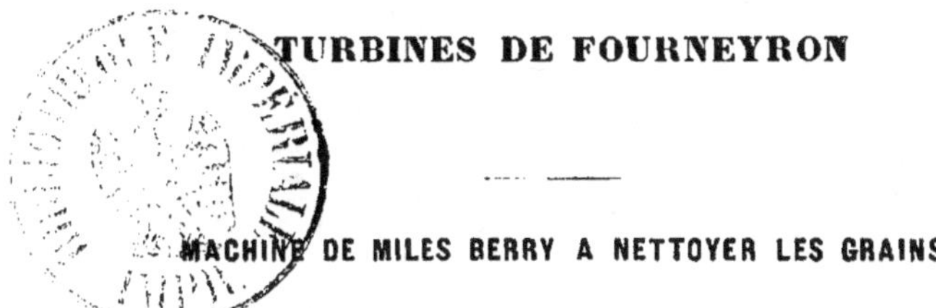

Ancien Comptoir
DES IMPRIMEURS-UNIS.

PARIS

Ancienne Maison
L. MATHIAS (Augustin).

LIBRAIRIE SCIENTIFIQUE, INDUSTRIELLE ET AGRICOLE

DE LACROIX-COMON

Quai Malaquais, 15

1858

NOTE DE L'ÉDITEUR.

Dans l'espérance d'être utile à cette branche importante de l'industrie, *la meunerie*, j'ai voulu pouvoir procurer aux ingénieurs et aux industriels que cette question intéresse la partie du répertoire de l'industrie française et qui en traite spécialement ; ne voulant pas mettre les personnes dans l'obligation d'acheter l'ouvrage complet, qui traite un nombre gros de questions qui leur sont étrangères ou indifférentes.

PARIS, 12 mai 1857.

CONSTRUCTION

DES

MOULINS DE SAINT-MAUR

PRÈS PARIS.

(Extrait du Répertoire de l'Industrie française et étrangère).

I

Les moulins de Saint-Maur, dont nous donnons la description, sont l'usine à blé la plus considérable du monde. Elle a été construite par M. de Surville aidé des lumières en meunerie de M. Charles Touaillon, qui a aussi surveillé l'exécution, la disposition et la pose des appareils construits par M. Eastwood. Elle compte quarante paires de meules et peut moudre par jour une quantité de 720 hectolitres de grain.

Placée sur le canal de la Marne, à Saint-Maur, elle a rempli une partie du but que se proposait l'empereur, lorsqu'il décrétait que la chute des eaux de Saint-Maur serait consacrée à faire mouvoir les moulins nécessaires à l'approvisionnement de Paris.

L'usine est partagée en quatre jeux de dix paires de meules chacun, avec tous leurs accessoires. Chaque jeu est mu par une turbine du système de M. Fourneyron d'une force de quarante chevaux.

Le bâtiment est composé de sept étages en y comprenant le rez-de-chaussée. La planche 2e en est la coupe prise en avant de l'un des quatre jeux ou système de meules.

Neuf planches demi-colombier gravées sur acier sont consacrées à la description et à la représentation complète de ces moulins remarquables, dans lesquels ont été réunis tous les perfectionnements qui, depuis une trentaine d'années, ont complétement changé la face de la meunerie, et ont fait un art délicat de ce qui n'était qu'un grossier métier.

Les livres qui existent sur la meunerie ont vieilli, et sont remplis d'erreurs matérielles. Notre intention est de les rectifier et d'entrer, à l'égard de cette industrie remarquable, dans des détails que nous considérons comme intéressants ; et nous le faisons en complétant la description de l'usine de Saint-Maur. C'est pour les hommes pratiques que nous travaillons ; le plus important pour eux, ce sont les appareils ; l'usage leur en est connu.

L'opération de la mouture se divise en trois parties distinctes :

1° L'opération sur le blé ;

2° L'opération sur la boulange et la farine ;

3° Celle sur les gruaux, et les sons.

Dans l'ordre des lettres, nous avons suivi ces opérations, que nous avions fait précéder de la description du moteur, de sorte qu'en suivant pas à pas la description des planches d'ensemble, chacun peut se faire une idée des opérations de la meunerie sur le blé, qu'on y suit jusqu'à ses dernières métamorphoses.

LÉGENDE DESCRIPTIVE.

Planche première.

Fig. 1. Plan général de l'établissement à l'étage des fondations et au rez-de-chaussée.

Fig. 2. Plan des étages supérieurs. On n'a indiqué que les étages où se trouve un mécanisme particulier. Ainsi, le deuxième étage ne contenant que des chambres à son n'est point indiqué.

Ainsi encore, le mécanisme du troisième étage se composant seulement de bluteries mues par le mouvement du quatrième étage, on s'est contenté de le ponctuer.

MOTEUR ET MOUVEMENT.

Planches 1 et 2.

A. Canal d'alimentation.

a. Vanne de l'écluse.

B. Turbine moteur ; elle fait cinquante-huit à soixante tours par minute, selon la dureté, le plus ou moins de sécheresse des grains, leur nature, le lieu de leur provenance, l'année de leur récolte, etc.

b. Pivot de l'arbre de la turbine et son mécanisme.

C. Enveloppe de la turbine et système de vannage.

c. Mont-vanne de la turbine.

d. Entonnoir et tube servant à graisser le pivot *b*.

D. Arbre moteur sur lequel sont repris tous les mouvements.

E. Couronne reprenant le mouvement sur l'arbre pour le rendre aux pignons *F*.

F. Pignons montés sur les fers de meules *e*, et faisant cent quatre-vingts tours par minute sans altération des produits.

G. Beffroi en fonte supporté sur les colonnes *f* aussi en fonte.

H. Archures des meules.

g. Roues d'engrenage communiquant le mouvement à l'indicateur de vitesse *h* et à l'élévateur des gruaux *y*.

I. Roues d'engrenage communiquant le mouvement aux divers instruments de la machine, aux norias ou élévateurs, à la ramonerie, aux bluteries qui, toutes, font de vingt-quatre à vingt-six tours par minute, etc., par l'intermédiaire d'arbres de couche, de tambours et de courroies qu'il est facile de reconnaître sans lettres.

J. Monte-sacs.

OPÉRATION SUR LE BLÉ.

Fig. 1, 2 et 3.

K. Trémie placée sous le plancher du rez-de-chaussée, et dans laquelle on jette le grain. On place sur cette trémie un grillage destiné à empêcher les corps étrangers de s'engager dans les appareils.

i. Noria ou élévateur qui prend le blé dans la trémie *K* du rez-de-chaussée pour le porter au sixième étage, dans la trémie *L.*

M. Premier nettoyage ou ramonerie double avec ventilateur *o,* et tamis ou émotteur en va-et-vient *j.* Le cylindre de ramonage fait deux cent quatre-vingt-dix tours par minute. Le tamis donne deux cents secousses pendant le même temps. Le blé passe d'abord sur l'émotteur *j,* placé sous la trémie *L.* Là, il est repris par l'élévateur *k* qui le remonte dans le cylindre *l,* au bas duquel il est de nouveau repris par l'élévateur *m,* d'où il remonte dans le deuxième cylindre *n.*

o. Ventilateurs placés à chacune des deux ramoneries; ils font deux cent quatre-vingts tours par minute.

N. Quatrième étage. Cylindre cribleur dans lequel passe le blé à sa sortie de la deuxième ramonerie. Il fait trente évolutions par minute.

O. Cylindre mouilleur destiné à donner au blé trop sec le degré d'humidité convenable à une bonne mouture. Il fait vingt-cinq tours par minute.

P. Conduite renfermant une vis placée sous le plancher du quatrième étage, et qui mène le blé qui sort du mouilleur dans les conduits carrés *p*, et de là dans la chambre *Q*.

q. Distribution et engrènement du grain sur les meules.

OPÉRATION SUR LA FARINE ET LA BOULANGE.

R. Anches par lesquelles s'écoule la boulange qui tombe des meules.

S. Récipient conducteur de la boulange.

T. Vis qui reprend la boulange pour la conduire à l'élévateur *R*, qui la porte dans le refroidisseur *U* placé dans la chambre à boulange, et qui la fait tomber dans la bluterie à farine.

V. Bluterie à farine double.

X. Vis qui conduit la farine blutée dans les poches à ensacher *s*.

OPÉRATION SUR LES GRUAUX ET LES SONS.

Y. Troisième étage. Bluterie de dodinage destinée à diviser les gruaux.

t. Élévateur reprenant les sons pour les porter dans la vis *u* qui les distribue dans les deux bluteries *Z* à diviser les sons.

v. Coffre et poche pour gruaux destinés à être repassés.

x. Deuxième étage. Vis conduisant les gruaux moulus dans l'élévateur *y* qui les mène dans le refroidisseur *z*, lequel les jette dans la bluterie *z'* d'où la farine tombe dans la poche.

La Poche *s''* reçoit les remoulages ou gruaux qui ont échappé aux premières moutures.

DÉTAILS.

Planche 3.

Fig. 4. Coupe horizontale au-dessous de la couronne *E* et des pignons *F*.

Cette couronne est en fonte et assemblée à boulons en deux parties. Les points d'attache se conçoivent sans difficulté.

La couronne est fixée sur l'arbre *D*, au moyen de vis de pression *a* et d'une clavette.

Les pignons *F* sont montés sur les fers de meules *e*.

Cinq de ces pignons sont indiqués seulement par leur cercle primitif.

Le nombre de dents de la couronne est de 272 ; celui des pignons de 84.

b. Poêlettes ou crapaudines des pignons, dans lesquelles reposent les fers de meules *e*.

c. Leviers ou *trempures* au moyen desquels on élève ou descend les fers de meules.

La coupe verticale en indiquera le mécanisme.

f. Colonnes qui soutiennent le beffroi.

R. Anches qui donnent passage à la boulange.

Fig. 5. Plan au-dessous des meules.

Les six portions de l'archure *H*, dont cette figure donne le plan, sont indiquées avec l'une de leurs dispositions différentes.

G. Beffroi en fonte qui supporte les archures *H* fig. 2.

f. Coupe des colonnes du beffroi.

d. Fig. 5. Croisillons du beffroi.

g. Collet de l'arbre moteur.

h. Coussinets.

i. Boîte en bois servant d'enveloppe.

j. Plancher reposant sur les croisillons du beffroi

k. Partie du beffroi qui enveloppe la meule dormante, et qui sert d'écrou aux vis à centrer les meules.

l. Croisillon supportant la meule dormante et servant d'écrou aux vis à niveler.

m. Meule dormante.

n. Boîtard scellé dans la meule.

o. Entonnoir et tuyau de graissage enfermé dans la boîte *p* ; elle ferme à coulisseaux, et a été imaginée par M. Ch. Tuaillon.

q. Meule courante.

r. Boîtes à équilibrer les meules.

s. Anille mobile.

t. Croisillon du support de l'engreneur dont on voit le plan.

u. Plan des consoles du support de l'engreneur.

v. Levier qui sert à élever l'engreneur et à régler son écoulement.

x. Tringle verticale à vis passant par une plaque de fer qui lui sert d'écrou et qui sert à manœuvrer le levier *v.*

y. Crapaudine d'une grue servant à enlever les meules.

Planche 4.

Cette planche, qui forme la figure sixième de la description des *moulins de Saint-Maur,* est la coupe verticale de l'un des quatre jeux ou systèmes de dix paires de meules, chacun mu par une turbine.

La coupe est faite dans l'axe même du moteur.

On peut voir que le défaut d'espace nous a obligé à briser l'arbre dans une partie de sa longueur.

Bien que les pièces principales soient indiquées par les mêmes lettres, la multiplicité des détails nous a forcé à recourir à une légende nouvelle pour chaque planche.

A. Canal d'alimentation.

B. Turbine.

C. Système de vannage comprenant l'enveloppe vanne et les vannes de la turbine.

D. Arbre moteur.

Nous n'avons pas donné de lettres aux diverses parties de cet appareil intéressant, nous réservant de le publier sur une plus grande échelle, avec tous les détails.

E. Couronne.

F. Pignons qui reprennent le mouvement sur la couronne.

G. Beffroi.

H. Archures des meules.

R. Anches.

S. Récipient conducteur de la boulange.

T. Vis qui conduit la boulange aux élévateurs.

T'. Système d'engrenages monté sur l'arbre du moteur et donnant le mouvement à la vis *T*.

b. Poêlettes des pignons *F*.

c. Trempure ou levier servant à régler les fers de

meules. Sa marche sera indiquée dans les planches de détails.

d. Croisillons du beffroi.

e. Fers des meules.

f. Colonnes en fontes, supports du beffroi.

g. Boîte appelée collet de l'arbre moteur.

h. Coussinets de l'arbre.

i. Boîte en bois servant à empêcher la farine de pénétrer dans les organes.

j. Planches reposant sur les croisillons du beffroi.

k. Partie du beffroi tuyautée à la circonférence, fondue d'une seule pièce, et enveloppant la meule dormante.

l. Croisillon support de la meule dormante et servant d'écrou aux vis à niveler.

m. Meule dormante.

n. Boîtard scellé dans la meule.

o. Entonnoir et tuyau de graissage enfermés dans la boîte *p*.

q. Meule courante.

r. Boîtes ou entailles pratiquées dans la meule courante, et servant à l'équilibrer.

s. Anille mobile.

t. Croisillon du support de l'engreneur.

u. Consoles du support de l'engreneur représenté dans cette planche par la lettre *Q*, et par *q* dans la planche deuxième.

2

v. Levier de l'engreneur.

x. Tringle servant à manœuvrer le levier *v.*

Revenant au récipient conducteur S nous y trouvons un système d'engrenage aux diverses pièces duquel nous avons cru devoir donner des lettres indicatives.

a'. Pignon monté sur l'arbre *D* et retenu par une clavette; ce pignon est en deux parties, munies d'oreilles, et un collier denté.

b'. Roue reprenant le mouvement sur le pignon a' pour le communiquer au pignon c'.

La manière dont cette roue et ce pignon sont fixés est facile à saisir. L'un et l'autre sont montés sur un axe commun; ils sont réunis par des boulons qui rendent leur mouvement solidaire; l'axe est fixé au plancher par l'écrou e'.

d'. Roue munie d'un collet autour de l'arbre *D;* elle est en deux parties réunies sur des oreilles comme le pignon a'.

C'est sur le collet de cette roue qu'est fixé le rateau *S,* lequel tourne par conséquent avec la roue d' autour de l'arbre *D.*

s'. Galet fixe servant à régulariser le mouvement de d'.

Planche 5.

Figures 1, 2, 3, 4 *et* 5.

Crapaudines dans lesquelles reposent les pivots de fers de meules.

a. Plaque circulaire en fonte sur laquelle reposent les colonnes du beffroi et portant les supports *b* des crapaudines.

d. Enveloppe de la crapaudine.

e. Crapaudine en cuivre renfermant le dé sur lequel repose le pivot.

f. Couvercle entourant le support de la crapaudine.

g. Plaque en fonte rapportée sur le devant de chacune des ouvertures pratiquées dans la maçonnerie pour recevoir le mécanisme qui sert à régler les fers de meules.

h. Couronne dentée formant écrou. Le pivot de cette couronne repose sur une plaque *i* entaillée dans la maçonnerie.

c. Levier servant à faire tourner la couronne. Pour faire cette opération, on attire, à droite ou à gauche, le levier qui est retenu dans les encoches de la roue *h :* dans ce mouvement, la roue est entraînée et fait monter ou descendre la vis *j* qui supporte la crapaudine. La bague du levier *c* est montée librement autour de l'écrou de la roue *h* au moyen de deux vis butantes, afin de permettre de soulever le levier pour le faire passer d'une encoche dans une autre.

Fig. 6.

Partie supérieure d'un fer de meule.

Fig. 7.

Partie inférieure ou pivot d'un fer de meule.

Fig. 8.

Coupe verticale d'un des engreneurs destinés à conduire le grain sur les meules.

Fig. 9 *et* 10.

Élévation et plan du panier en fer-blanc monté sur l'anille et dans l'intérieur duquel le grain est distribué.

Fig. 11 *et* 12.

Élévation et plan de l'anille.

Fig. 13.

Élévation de la griffe posée sur le fer de meules.

Fig. 14 *et* 15.

Élévation et coupe verticale du chapeau de la griffe

et de la cuvette servant à distribuer le grain à sa sortie de l'engreneur.

Fig. 16, 17 *et* 18.

DÉTAILS DU BOITARD.

Le boîtard *n* est composé d'une boîte en fonte renfermant une douille en cuivre *o* dans laquelle tourne la partie supérieure du fer de meule. Un trou cylindrique, traversant toute l'épaisseur du boîtard, sert à amener l'huile dans une cannelure circulaire *p*, dans laquelle sont creusées deux cavités *q,q*, garnies d'étoupes. Deux ouvertures latérales *q',q'*, servent à conduire l'huile amenée dans les boîtes à étoupes *q,q*, autour du fer de meule. De plus, deux petits canaux *r,r*, établissent une communication entre la cannelure *p* et le haut de la douille *o*. Une plaque *t* recouvre le dessus du boîtard afin d'empêcher l'huile qui circule dans les canaux *p, r*, de se répandre à l'intérieur du boîtard.

Fig. 19 *et* 20.

o'. Tuyau siphon surmonté d'un entonnoir dans lequel on verse l'huile nécessaire au graissage du boîtard. Ce tuyau est en deux parties réunies entre elles par un écrou *p'* servant à l'allonger ou à la raccourcir au besoin.

Fig. 21, 22, 23, *et* 24.

Cric portatif servant à soulever les pignons des meules.

Ce cric se compose d'une colonne creuse *a* surmontée d'un châssis *b* sur lequel sont montées deux roues d'angle *c*, *d*, servant à transmettre le mouvement à la vis *e* qui doit soulever les pignons. La base de la colonne est fixée sur un massif ou billot en bois dans lequel est pratiquée une échancrure pour le passage de la crapaudine. Une roue conique *d* sert d'écrou à la vis du cric, et, dans le mouvement de rotation qui est transmis à cette roue par le pignon *c* au moyen de la manivelle *f*, on fait monter ou descendre la vis *e*. Une fourchette *g* fixée à la partie supérieure de la vis, embrasse le moyeu du pignon de meule.

Fig. 25 *et* 26.

Coupe verticale et plan de la roue portant les quatre bras du rateau conducteur de la boulange. Cette roue est en deux parties munies d'oreilles assemblées par des boulons.

II

TURBINES DE FOURNEYRON

PLACÉES AUX CHUTES DE SAINT-MAUR.

La réputation des roues hydrauliques de M Fourneyron est désormais établie. Ce fut une gloire pour
cet habile ingénieur que de triompher, comme il l'a
fait, de tous les obstacles, et surtout des préventions
des hommes de science. Ce temps d'épreuve a duré
longtemps. Il a fallu que l'illustre Arago vînt prêter
sa puissante assistance à M. Fourneyron pour lui faire
rendre la justice due à son œuvre de génie. Il a fallu
que le succès vînt partout couronner les efforts de
M. Fourneyron pour que la science théorique consen-
tît à constater ses résultats.

On a déjà publié quelques planches représentant
des turbines-Fourneyron. Pour tous ceux qui consul-
teront notre travail, il est inutile que nous relevions
les erreurs où sont tombés nos devanciers.

Nous soumettons avec confiance les planches du

présent ouvrage au jugement des ingénieurs et des constructeurs, avec les détails indispensables à leur explication.

Légende des planches 1, 2, 3 et 4.

Pl. 1. Vue extérieure de la turbine.

Pl. 2. Coupe verticale de la turbine.

Pl. 3. Fig. 1re Plan au-dessus du mécanisme servant à élever la vanne.

Fig. 2. Plan du plateau qui supporte le mécanisme.

Fig. 3. Coupe horizontale suivant la ligne z z au-dessus de la vanne.

Fig. 3 bis. (Partie inférieure de la fin précédente.) Coupe horizontale suivant la ligne y y.

Fig. 4. Vue de profil du support de la vis sans fin *R*.

Fig. 5. Plan vu par-dessus.

Fig. 6. Coupe verticale suivant a a.

Fig. 7. Plan vu par-dessous.

Fig. 8 et 9. Détails de la bague v qui sert à maintenir le haut du tuyau enveloppe.

Fig. 10 et 11. Détails de la bague inférieure g.

Fig. 12 et 13. Détails de la bague d qui maintient le fond de la turbine sur l'arbre moteur.

Pl. 4. Détails de la turbine.

Fig. 1re. Coupe verticale de la turbine.

Fig. 2. Partie supérieure, plan du plateau supérieur de la turbine. La partie inférieure de gauche représente la coupe horizontale des courbes, prise au-dessus du fond. La partie inférieure de droite donne la coupe horizontale au-dessus des cloisons.

Fig. 3. Coupe verticale du porte-vanne.

Fig. 4. Plan du porte-vanne.

Fig. 5. Coupe verticale de la vanne et de son enveloppe.

Fig. 6. Plan.

Fig. 7. Coupe verticale transversale du pivot et de son support.

Fig. 8. Coupe horizontale de l'extrémité inférieure de l'arbre et de la turbine, suivant la ligne $x\,x$.

Fig. 9. Coupe horizontale des boîtes en cuivre et du pivot, suivant la ligne $y\,y$.

Fig. 10 et 11. Détails du pivot inférieur.

Fig. 12 et 13. Détails du pivot supérieur.

A. Turbine formée d'un plateau en fonte dont le fond ayant la forme d'une calotte sphérique est percé de quatre ouvertures. Sur le plateau sont ajustées 30 courbes en tôle *a*, recouvertes en dessus par un plateau en tôle *b*. La hauteur des courbes est divisée en trois parties par des cloisons *c* fixées aux courbes.

B. Arbre moteur sur lequel est montée la turbine : elle y est retenue par une bague conique en deux parties *d* logée dans une rainure circulaire pratiquée à l'extérieur de l'arbre. Le dessous de l'arbre *B* est percé d'un trou cylindrique destiné à recevoir le bout du pivot et l'huile qui sert à son graissage. L'extrémité supérieure de l'arbre *B* tourne dans une boîte en cuivre *e*, et est surmontée d'un manchon servant à transmettre le mouvement donné par la turbine .

C. Colonne creuse ou tuyau servant d'enveloppe à l'arbre moteur. A son extrémité inférieure est suspendu un plateau *D* garni de 24 courbes conductrices fixes *f* servant à diriger l'eau dans la turbine. Ce plateau est solidement retenu sur le tuyau *C* au moyen d'une bague conique en deux parties *g*. Les courbes sont fixées sur le fond du plateau par des languettes rivées, et sur le côté avec des équerres placées sur la douille du plateau *D*. La surface de ce plateau est recouverte d'une garniture en bois.

E. Vanne cylindrique garnie intérieurement de courbes en bois *h* dans lesquelles glissent les courbes fixes. Au-dessus de la vanne sont trois oreilles *i* servant à la suspendre par des tringles *k* qui la font monter et descendre. Sur son bord extérieur est retenu, au moyen d'un cercle en fer et de boulons, un cuir *l* qui lui permet de glisser contre la paroi intérieure d'un cylindre.

F appelé enveloppe-vanne. Ce cylindre est fixé par des boulons sur un châssis en charpente *m* et porte trois supports *n* servant à retenir des boulons taraudés dans une bague *o* qui enveloppe le tuyau *E* et qui servent à le maintenir solidement. Vers le milieu du tuyau *C* sont quatre vis *p* qui retiennent un coussinet en cuivre *q*, dans lequel tourne le milieu de l'arbre moteur *B*.

G. Chaise fixée sur la maçonnerie par quatre boulons. Cette chaise, qui est en deux parties, est percée d'une ouverture ménagée pour le passage d'un levier *H*, à l'aide duquel on soulève le pivot de l'arbre moteur.

I. Tige à fourchette servant à régler la hauteur du pivot. La partie supérieure de cette tige est retenue par un support *J*.

1. Boîte cylindrique en cuivre renfermée dans la chaise *G*, et portant comme celle-ci une ouverture pour le passage du levier *H*.

2. Autre boîte en cuivre renfermée dans la précédente. Cette boîte est, comme les deux autres, percée d'une mortaise, et se trouve de plus séparée en deux parties par le passage du levier ; l'une, inférieure dans laquelle l'huile est amenée par un tuyau *r* ; l'autre, supérieure, dans laquelle l'huile est conduite par deux conduits *r'*.

3. Partie fixe du pivot en acier, retenue dans la boîte 2 au moyen d'un petit talon. Sur la circonférence de cette pièce sont trois cannelures qui conduisent l'huile à sa partie supérieure.

4. Partie tournante du pivot en acier fixée à l'arbre

moteur qui l'entraîne. Sa partie inférieure, qui est concave, est percée d'un trou dans lequel monte l'huile pour remplir l'ouverture pratiquée au-dessous de l'arbre moteur.

5. Cylindre en cuivre servant à envelopper le pivot.

K. Pignons commandant une vis sans fin *L* et sa roue *M* qui donne le mouvement au pignon *N*, qui le transmet à la roue *O.*

O. Roue centrale montée librement sur le tuyau *C.*

P P P. Roues recevant le mouvement de la roue *O* et le transmettant aux vis *s* par les écrous *t* et en même temps aux tringles *k* de la vanne circulaire.

Q. Plateau supérieur sur lequel reposent les différentes pièces du mécanisme de la vanne.

R. Couronne recouvrant les roues *P.* Cette couronne est unie au plateau *Q* par six colonnes traversées par des boulons.

u. Bague garnie de deux oreilles pour la fixer sur le plateau *Q.* Cette bague est fixée au tuyau *C* au moyen d'une clavette.

v. Bague conique en deux pièces servant à maintenir le haut du tuyau *Q* dans le plateau *Q.*

S. Chaise cylindrique ouverte pour le passage des roues *N*, *O.*

T. Support monté sur la chaise *S*, portant en même temps la vis sans fin *L* et la roue *M.*

III

M. Burdin s'est occupé des roues hydrauliques
avant M. Fourneyron, son élève. C'est à lui qu'on
doit le nom de turbine ; c'est parce que ces roues
tournent autour d'un axe vertical, comme une toupie,
turbo, que M. Burdin les appelait ainsi.

Bientôt cependant il s'écarta lui-même de son
étymologie, et le problème qu'il se proposa fut celui-ci : « Donner aux roues hydrauliques des formes
telles qu'elles puissent tourner avec une vitesse quelconque autour d'un axe horizontal, vertical ou incliné, de toute quantité, et cela en produisant toujours le maximum d'effet de l'eau. »

On voit combien la solution de ce problème pouvait présenter de cas et combien de roues hydrauliques devaient en résulter. Aussi M. Burdin en fit-il
connaître un assez grand nombre qu'il a imaginées
en vue de la solution de son problème ; et dans son
Mémoire à l'Institut, en 1822, le nom de turbine se
trouve appliqué indistinctement à des roues ayant
leur axe dans une position quelconque.

Déjà même, en 1822, M. Burdin avait exécuté, pour une usine de la manufacture d'armes de Saint-Étienne, une roue à axe horizontal, à laquelle cependant il donnait lui-même le nom de turbine.

M. Fourneyron s'en est tenu à l'étymologie du mot inventé par M. Burdin ; il n'a construit que des roues à axe vertical, et ces roues, comme le dit plaisamment la *Gazette de Hambourg*, ne ressemblent pas plus à celles de M. Burdin, que le ballon monstre de Green ne ressemble à un cerf-volant.

Mais c'est dans leur construction, dans leur effet utile, bien plus que dans la position de leur axe, que les turbines-Fourneyron diffèrent de toutes les roues hydrauliques construites jusqu'ici. Longtemps avant les recherches théoriques faites sur les roues hydrauliques par les savants dont la renommée nous a transmis les noms, il existait des roues à axe vertical. Ainsi, les roues des moulins de Metz, établies depuis trois siècles, et toujours renouvelées dans leur forme primitive ; ainsi les roues des moulins du Basacle, à Toulouse, décrits par Belidor ; ainsi encore les roues creuses ou à palettes inclinées de la Provence, du Languedoc, des Landes, du Dauphiné et que l'on désigne encore sous les noms de roues à cuves, à rodet, rouets, etc. On le voit donc, ce n'est ni à M. Burdin, ni à M. Fourneyron, qu'appartient l'idée des roues à axe vertical.

Lorsque Belidor décrivait les roues du Basacle, on ne savait pas mesurer le produit d'une roue hydraulique ; on était parvenu, par tâtonnements ou autrement, à faire tourner les moulins ; peu importait le volume d'eau dépensé ; pourvu que le moulin tournât, l'on avait réussi.

Les conditions de vitesse à donner pour obtenir le plus grand effet possible n'étaient pas connues ; on ne savait même pas si l'effet augmentait ou diminuait avec telle ou telle vitesse.

Après les recherches théoriques de Belidor, de Parent, d'Euler, de Borda, et surtout après les expériences de Bossut, en France, et de Smeaton, en Angleterre, on acquit la certitude qu'il y avait pour toutes les roues connues une certaine vitesse au moyen de laquelle on obtenait plus de travail qu'avec les autres.

C'est de ce résultat, on peut le dire, que datent les améliorations successivement introduites dans la construction des roues hydrauliques.

Belidor, auquel la mécanique appliquée doit peut-être ses premiers progrès, croyait que les roues mues par le choc de l'eau étaient plus avantageuses que les roues à pots qui étaient pressées par le poids de l'eau. Son erreur fut démontrée, et les roues à axes horizontaux, que la pratique avait déjà fait juger plus propres à transmettre une quantité d'action un peu

considérable, commencèrent à être plus générale-
ment disposées de manière à utiliser, sinon entière-
ment, au moins en partie, le poids de l'eau.

Les anciennes roues à axe vertical restaient ; leur
construction simple et peu dispendieuse les faisait
encore adopter là où l'économie d'argent était le premier besoin ; mais partout où la valeur de la force
motrice était prise en considération, on proscrivait
ces roues et on employait les roues à axe vertical.

Euler, qui avait porté ses recherches sur les roues
hydrauliques, proposa la roue à réaction dont l'axe
est vertical ; la danaïde fut inventée ; Bossut décrivit
la roue à poire ; mille autres dispositions virent le
jour, et l'on peut dire que même avant la fin du siècle
dernier, il y avait déjà plus de roues différentes
connues et dont l'axe était vertical, qu'il n'y en aura
jamais à axe horizontal.

La théorie était devancée par la pratique ; Euler et
Bossut s'étaient cependant livrés à des recherches
théoriques sur les roues à axe vertical ; mais c'est
Borda, nous le croyons, qui a, le premier, essayé
d'établir la théorie générale de ces roues et des autres,
d'après les principes suivis aujourd'hui.

M. Navier, dans ses notes sur l'architecture hydraulique de Belidor, a appliqué la théorie de Borda à
plusieurs roues horizontales ; mais, jusque-là, on ne
trouve nulle part que la pratique ait répondu à la

théorie, et l'on ignore même si la théorie, telle qu'elle est faite, concordera jamais avec la pratique, une chose seulement est certaine : c'est que, à l'exception des roues économiques du Midi, aucune des mille combinaisons dont nous avons parlé n'était arrivée à prendre rang parmi les roues hydrauliques qui rendent quelques services à l'industrie.

La raison en est simple : c'est que toutes ces roues, ou ne parvenaient pas même à fonctionner d'une manière tolérable, ou ne fonctionnaient qu'avec une perte inouïe de la force motrice qu'elles dépensaient.

Les expériences connues sur les meilleures de ces roues ont prouvé qu'on ne pouvait en tirer que de 15 à 35 0/0 de la force brute dépensée.

M. Burdin vint ensuite, et, profond mathématicien, il chercha les meilleures formes à donner aux roues verticales. Nous avons dit qu'on lui doit le nom de turbine.

La Société d'encouragement mit la question au concours. Les essais de M. Burdin lui valurent un encouragement de 2,000 fr.

M. Fourneyron concourut plus tard ; il remporta le prix, et se consacra à la construction de sa roue, désormais sanctionnée par l'expérience.

Depuis cette époque, M. Poncelet a étudié cette roue si extraordinaire ; il en a fait la théorie.

Il n'entre pas dans notre cadre de reproduire le

Mémoire de M. Poncelet, dans son ensemble, et il serait sans importance et sans utilité pour nos lecteurs de leur en soumettre des extraits. Il nous suffit de dire que dans son travail le nom de Watt s'est trouvé sous la plume du célèbre académicien, lorsqu'il a parlé de l'ingénieuse invention de M. Fourneyron. Aujourd'hui donc toute controverse a cessé, et partout où M. Fourneyron les a placées, ses roues ont donné d'excellents résultats, des résultats dont désormais la science sait rendre compte.

IV

MACHINE A NETTOYER LES GRAINS.

Les perfectionnements faisant l'objet de la susdite patente consistent dans trois appareils distincts.

Le premier a pour objet de laver les blés en séparant en même temps les grains légers.

Le second sèche les grains ainsi lavés et mondés en les faisant circuler dans une étuve.

Enfin le troisième appareil refroidit les grains et les ramène à la température de l'atmosphère.

Cette série d'opérations, rapidement effectuées, purifie les grains, de la nielle, des charançons, des insectes et même des matières étrangères.

PREMIÈRE OPÉRATION. On introduit le grain dans un vase plein d'eau, le bon grain par son poids spécifique tombe au fond du vase; le mauvais grain, avec les corps légers qui peuvent s'y trouver mêlés, monte à la surface : on introduit une quantité d'eau suffisante pour faire déborder le vase; l'eau surabondante s'échappe par un tuyau de trop plein, entraînant avec elle les mauvais grains flottant à sa surface ; ces grains sont recueillis dans un panier placé sous l'extrémité inférieure de ce tuyau, le panier à claire-voie laisse échapper l'eau et retient les grains et grenailles,

Ce mondage opéré, on procède au lavage des grains ; à cet effet, on imprime un mouvement de rotation à des agitateurs existant dans le vase où le grain a subi le mondage ; cette agitation tourne et retourne dans l'eau les grains en tous sens et les dépouille complétement de la nielle, des charançons et de tous autres insectes dont ils pourraient être infectés.

On ouvre alors une soupape au fond du vase ; cette soupape laisse échapper l'eau, les grains étant retenus par un tamis en fil métallique qui recouvre ladite soupape. L'eau écoulée, on ouvre le tamis et le grain s'échappe.

SECONDE OPÉRATION. Elle consiste dans le séchage du grain. A cet effet, on élève le grain au moyen d'une vis d'Archimède dans un tambour à claire-voie, qui laisse échapper l'eau. Le grain est ainsi amené dans un vase ou récipient à fond concave, où plongent successivement les augets d'un chapelet. Ces augets se remplissent de grain par suite du mouvement imprimé au chapelet, et l'élèvent jusqu'à ce que les augets passent par-dessus leur poulie supérieure. Ils versent alors le grain dont ils sont chargés.

Ce grain est reçu dans un entonnoir qui le conduit

dans un cylindre en fil métallique qui subit un mouvement rotatif : ce cylindre est légèrement incliné de manière à déterminer le grain à se porter à son extrémité inférieure. Arrivé là, le grain s'échappe et tombe par un entonnoir dans un cylindre incliné en sens inverse, de manière à ramener le grain dans la direction contraire. La rotation du cylindre remue constamment le grain pendant sa marche : le grain du second cylindre passe dans un troisième, et ainsi de suite jusqu'à ce qu'il sorte par un tuyau qui le verse dans un récipient où on le prend pour lui faire subir la troisième opération. Il est entendu que les cylindres, dont nous venons de parler, sont placés dans une étuve, où l'on fait successivement arriver un courant d'air chaud, qui opère le séchage du grain en absorbant toute l'humidité qu'il aurait pu contracter. Le blé ainsi traité est non-seulement sec, mais de plus il est chaud, ce qui pourrait avoir quelques inconvénients, si l'on ne le refroidissait par la troisième opération.

REFROIDISSEMENT DU GRAIN. Au sortir des cylindres sécheurs, le grain tombe dans un récipient d'où il est élevé par une vis d'Archimède, agissant dans un cylindre à claire-voie, qui le mène à un vase semblable à celui ci-devant décrit pour le séchage des grains. Un chapelet y plonge et enlève le grain qu'il verse dans un entonnoir qui le distribue dans un cylindre tournant comme il a été dit : le reste de l'appareil est exactement semblable à celui employé pour la seconde opération, seulement il n'y a pas d'étuve ; au contraire, il y a des ouvertures dans la cage contenant les cylindres pour donner un libre accès à l'air atmosphérique.

Au sortir du dernier cylindre le blé est parfaitement nettoyé, séché et refroidi, et peut être envoyé à la mouture, ou servir de semence, la chaleur n'étant jamais assez grande pour détruire le germe.

DESSINS.

La planche 31 offre le mécanisme pour laver et sécher les grains.

Fig. 1ʳᵉ. Élévation de face représentant l'ensemble de la machine dont une partie est en coupe pour laisser voir l'intérieur.

Fig. 2. Coupe verticale du tonneau laveur et de ses accessoires.

Les mêmes lettres indiquent les mêmes parties dans les deux figures.

LÉGENDE DESCRIPTIVE.

A A A A. Fermes verticales portant l'ensemble des cylindres sécheurs dont il sera ci-après parlé, et reliées entre elles par des entretoises.

A¹. Premier plancher sur lequel les ouvriers passent pour verser les grains dans la trémie.

A². Second plancher servant pour l'opération du lavage.

A³. Troisième plancher servant pour surveiller l'action de la vis sans fin dont il va être question.

A⁴. Grande trémie dans laquelle on introduit le grain sur lequel on veut opérer.

B B. Dés en pierre ou en maçonnerie sur lesquels reposent les fermes *A A A A*.

B'. Seconde trémie placée sous la trémie *A⁴*.

C C. Portes du fourneau servant à chauffer l'étuve, dont il sera ci-après parlé.

C'. Tonneau où l'opération du lavage s'effectue.

D D. Portes du cendrier.

D'. Réservoir placé au-dessus du tonneau *C'* et fournissant l'eau nécessaire à l'opération, au moyen du tuyau de communication *g*.

E. Auge annulaire s'étendant autour du tonneau *C'* et recevant l'eau qui s'échappe par-dessus les bords de celui-ci.

F. Roue d'angle montée sur l'axe d'une poulie activée au moyen d'une courroie entraînée par le moteur employé.

F'. Axe de l'agitateur mis en action par la roue *F* et tournant verticalement dans le tonneau *C'* : ainsi qu'on le voit, ledit axe entre dans un fourreau fixe dans lequel il tourne librement.

G. Tuyau recevant le grain qui a subi le lavage.

H. Tambour en toile métallique dans lequel circule le grain qui a été lavé. Ce tambour est en coupe pour laisser voir la vis d'Archimède qui tourne dans son intérieur,

I. Vis d'Archimède activée par une poulie montée sur son axe : cette transmission de mouvement, qui n'offre rien de particulier, n'a pas été indiquée dans le dessin. La vis est inclinée de manière à faciliter l'écoulement de l'humidité que le blé peut contenir.

K. Récipient à fond concave, recevant le grain amené par la vis d'Archimède *I.*

M. Pignon d'angle mené par la courroie *S S* dont il sera bientôt parlé.

M'. Pignon d'angle servant à transmettre le même mouvement aux agitateurs formant le centre des cylindres *O.*

N. Pignon d'angle transmettant le mouvement reçu du pignon *M'.*

O O. Cylindres à claire-voie construits en toile métallique dans lesquels circule le grain pour être séché. Ces cylindres qui sont fixes sur leur axe se terminent à leurs extrémités, chacun par un disque immobile dans lequel il tourne ; ce disque sert à établir la communication d'un cylindre à l'autre.

P P'. Étuve close de tous côtés dans laquelle sont placés les cylindres *O, O*. Une partie de la cage de cette étuve a été brisée pour laisser voir les cylindres *O, O*.

R. Poulie de commande recevant sa rotation du moteur employé, et servant à mener les diverses parties de la machine.

S S. Courroie communiquant le mouvement de la poulie *R* à celle montée sur le sommet du chapelet dont il sera ci-après parlé.

S' S'. Courroie semblable transmettant le même mouvement à la poulie *F*.

T. Tuyau par où s'écoule l'eau qui a servi au lavage du grain.

V. Panier recevant les grains légers qui sont entraînés par l'eau, quand elle déborde.

V'. Tuyau par où s'échappe le grain séché.

Z. Récipient dans lequel tombe l'eau qui a servi à laver le grain, et aussi celle que le grain laisse échapper pendant qu'il est mené par la vis d'Archimède *I*.

a. Registre servant à fermer le bas de la trémie *A⁴*.

b. Registre semblable fermant le bas de la trémie *B'*.

c. Levier à bascule uni à ces deux soupapes et servant à les ouvrir alternativement.

d. Barre servant de manivelle, liée à l'extrémité du levier *c* par un bout, et par l'autre articulé à une poulie sur laquelle est fixée une corde portant deux poignées ; en tirant une de ces poignées, on fait tourner la poulie dans un sens ; l'autre poignée, sollicitée par la main de l'ouvrier, détermine une portion de révolution en sens contraire.

e. Tuyau de décharge donnant issue aux grains qui flottent sur la surface de l'eau contenue dans le tonneau, et qui s'échappent avec l'eau surabondante.

f. Conducteur servant à diriger le grain dans le tonneau *C'*.

g. Tuyau communiquant avec le réservoir *D* et servant à amener l'eau qu'il contient, quand le soin de l'opération le réclame ; ce tuyau débouche dans le milieu du tonneau *C'*.

g'. Robinet placé sur le tuyau *g*, et servant à intercepter à volonté la communication entre le réservoir *D'* et le tonneau *C'*.

R. Soupape couverte de gaze métallique pour retenir le grain et laisser l'eau de lavage.

h h h h. Bras montés sur l'arbre vertical *F'* et tournant avec lui.

i i i i. Bras fixes, disposés horizontalement au travers du tonneau *C* ; c'est entre ces bras que circulent ceux ci-devant décrits *h h h.*

l. Segment denté recevant le mouvement d'une manivelle montée sur son centre.

l'. Crémaillère horizontale activée par le segment *l.*

m. Tuyau servant à donner issue au grain qui a subi le lavage.

n n n. Chapelet dont les augets ramassent le grain reçu dans le récipient *K*, et le mènent au haut de l'appareil.

o. Entonnoir recevant le grain versé par les augets, et le dirigeant dans le premier cylindre *O*.

q q q q. Engrenages montés sur l'extrémité de l'axe des cylindres *O*, *O*, et servant à transmettre à chacun de ces cylindres le même mouvement.

r r r r. Entonnoirs fixés dans un des disques immobiles de chacun des cylindres, et établissant la communication d'un cylindre à l'autre pour assurer au grain une circulation continue.

FONCTIONNEMENT DE L'APPAREIL.

On allume du feu dans le fourneau *P*, de manière à chauffer l'étuve au degré convenable. D'un autre côté on remplit d'eau le tonneau *C'* en ouvrant le robinet *g'*.

On tire alors une des poignées de manière à ouvrir la grande trémie A^4 et à fermer la petite *B'*. Le grain alors descend de la grande trémie dans la petite et s'y accumule en quantité suffisante jusqu'à ce qu'il ferme l'orifice d'écoulement de la grande trémie.

La position des soupapes *a* et *b* est ensuite changée en abaissant l'autre poignée, qui ferme l'orifice de décharge de la trémie A^4 et ouvre celle de la trémie B'.

Par ce moyen, la quantité contenue dans la petite trémie descend lentement à travers un large auget aplati dans le tonneau C'.

La plus grande partie du mauvais grain flottera à la surface. On ouvre alors le robinet g', et l'eau arrivant en courant continu dans le tonneau C' agite les grains et soulève ceux qui sont gâtés ou de mauvaise venue, et comme le tonneau ne tarde pas à déborder, des grains sont entraînés par l'eau surabondante dans l'auge du trop-plein, d'où ils sont évacués par le tuyau e qui les dépose dans le panier V.

La séparation du bon grain d'avec le mauvais étant ainsi effectuée, on ferme le robinet g' et le bon grain qui est tombé au fond du tonneau est soumis à l'opération du lavage.

A cet effet, l'axe vertical F', avec ses bras $h\,h\,h$, est mis en mouvement, et lesdits bras $h\,h\,h$ passent entre les bras fixes $i\,i\,i\,i$, afin d'agiter le grain ; ce mouvement est transmis au moyen des courroies et des engrenages que nous avons décrits ci-devant, et qui sont représentés dans les figures.

Le mouvement rotatif devra être lent dans le commencement et augmenter de vitesse à mesure que l'opération s'avance.

Quand le lavage du grain a continué pendant

quelque temps, l'eau sale est évacuée du tonneau C' par le registre K. L'orifice que le tirage de ce registre découvre doit être garni de toile métallique afin d'empêcher le grain de passer.

On referme alors le registre K; on introduit une nouvelle quantité d'eau et l'on continue le lavage ; on peut renouveler l'eau, deux ou trois fois, selon que la condition du grain pourra l'exiger.

Le lavage achevé, on soutire l'eau comme il a été dit ; on tourne alors le segment l, qui mène la crémaillère l', fixée à une soupape à coulisse. Le fond du tonneau se trouve alors ouvert et le grain s'échappe dans l'entonnoir en gaze métallique G.

Le grain s'y dépouille de l'eau qu'il peut contenir, laquelle s'écoule par le bas, à travers les interstices de la gaze métallique, et il tombe lui-même à l'entrée du cylindre incliné H, dans lequel tourne la vis d'Archimède I.

Cette vis est presque en contact avec un double fond en gaze métallique, placé dans ledit cylindre H, et elle porte graduellement en avant le grain descendant de l'entonnoir G; l'eau s'écoulant en même temps à travers le double fond et se rendant dans un récipient placé en dessous.

Le grain mené par la vis d'Archimède tombe dans le récipient K, où le chapelet d'augets n n l'enlève et le déverse, après l'avoir porté au haut de l'appareil.

Le grain est reçu dans un entonnoir *o* qui l'introduit dans un des cylindres inclinés *O*, que l'inventeur appelle cylindres sécheurs, montés dans l'étuve.

Leur mouvement de rotation détermine le grain à descendre le long du plan incliné qu'ils forment ; il passe ainsi dans toute la série desdits cylindres et s'échappe par le tuyau de décharge *V'*.

Le grain est alors lavé et séché ; il convient de le refroidir. A cet effet, le grain qui s'échappe du tuyau *V'* tombe dans un récipient semblable à celui *K* ; il est enlevé par un chapelet d'augets semblable à celui *n n* ci-devant décrits : il est déversé par la bascule que forment les augets, et passe dans une série de cylindres semblables à ceux décrits pour le séchage ; mais ces derniers servent à opérer le refroidissement du grain. A cet effet, ils sont placés, non plus dans une chambre dans laquelle on fait arriver de l'air en abondance, en ouvrant des portes et des croisées disposées à cet effet.

Le grain, après avoir parcouru tous les cylindres à claire-voie, s'échappe enfin par le tuyau de décharge *V'*. Il est alors parfaitement nettoyé et épuré et peut être livré à la consommation ou servir de semence.

FIN.

CORBEIL, typogr. de CRÉTÉ.